Michèle Coxon

Happy Cats

Book of Days

A permanent record of important
dates in your life.

Hap

HAPPY CAT BOOKS

Published by Happy Cat Books Ltd.,
Bradfield, Essex CO11 2UT, UK

First published 2001
1 3 5 7 9 10 8 6 4 2

Design copyright © Happy Cat Books Ltd., 2001
Illustrations copyright © Michele Coxon, 2001
All rights reserved

A CIP catalogue record for this book is available from the
British Library

ISBN 1 903285 14 3

Printed in Hong Kong

This book belongs to:

Name: _____

Address: _____

_____

_____

_____

Tel/Mobile: _____

E-mail: _____

JANUARY

1st   ————————————————————

————————————————————

2nd   ————————————————————

————————————————————

3rd   ————————————————————

————————————————————

4th   ————————————————————

————————————————————

5th   ————————————————————

————————————————————

6th   ————————————————————

————————————————————

7th   ————————————————————

————————————————————

8th   ————————————————————

————————————————————

9th _____

10th _____

11th _____

12th _____

13th _____

14th _____

15th _____

16th _____

17th _____

18th _____

_____

19th _____

_____

20th _____

_____

21st _____

_____

22nd _____

_____

23rd _____

_____

24th _____

_____

25th _____

_____

26th _____

_____

27th _____

_____

28th _____

_____

29th _____

_____

30th _____

_____

31st _____

_____

FEBRUARY

1st _____

2nd _____

3rd _____

4th _____

5th _____

6th _____

7th _____

8th _____

9th _____

_____

10th _____

_____

11th _____

_____

12th _____

_____

13th _____

_____

14th _____

_____

15th _____

_____

16th _____

_____

17th _____

_____

18th _____

_____

19th _____

_____

20th _____

_____

21st _____

_____

22nd _____

_____

23rd _____

_____

24th _____

_____

25th _____

_____

26th _____

_____

27th _____

_____

28th _____

_____

29th _____

_____

_____

_____

MARCH

1st ———————————————————————————

———————————————————————————

2nd ———————————————————————————

———————————————————————————

3rd ———————————————————————————

———————————————————————————

4th ———————————————————————————

———————————————————————————

5th ———————————————————————————

———————————————————————————

6th ———————————————————————————

———————————————————————————

7th ———————————————————————————

———————————————————————————

8th ———————————————————————————

———————————————————————————

9th ——————————————————————

————————————————————————

10th ——————————————————————

————————————————————————

11th ——————————————————————

————————————————————————

12th ——————————————————————

————————————————————————

13th ——————————————————————

————————————————————————

14th ——————————————————————

————————————————————————

15th ——————————————————————

————————————————————————

16th ——————————————————————

————————————————————————

17th ——————————————————————

————————————————————————

18th _____

19th _____

20th _____

21st _____

22nd _____

23rd _____

_____

24th _____

_____

25th _____

_____

26th _____

_____

27th _____

_____

28th _____

_____

29th _____

_____

30th _____

_____

31st _____

_____

APRIL

1st _____

_____

2nd _____

_____

3rd _____

_____

4th _____

_____

5th _____

_____

6th _____

_____

7th _____

_____

8th _____

_____

9th _____

_____

10th _____

_____

11th _____

_____

12th _____

_____

13th _____

_____

14th _____

_____

15th _____

_____

16th _____

_____

17th _____

_____

18th _____

_____

19th _____

_____

20th _____

_____

21st _____

_____

22nd _____

_____

23rd _____

_____

24th _____

_____

25th _____

_____

26th _____

_____

27th _____

_____

28th _____

_____

29th _____

_____

30th _____

_____

_____

_____

May

1st _____

_____

2nd _____

_____

3rd _____

_____

4th _____

_____

5th _____

_____

6th _____

_____

7th _____

_____

8th _____

_____

9th _____

_____

10th _____

_____

11th _____

_____

12th _____

_____

13th _____

_____

14th _____

_____

15th _____

_____

16th _____

_____

17th _____

_____

18th _____

_____

19th _____

_____

20th _____

_____

21st _____

_____

22nd _____

_____

23rd _____

_____

24th _____

_____

25th _____

_____

26th _____

_____

27th _____

_____

28th _____

_____

29th _____

_____

30th _____

_____

31st _____

_____

JUNE

1st _____

_____

2nd _____

_____

3rd _____

_____

4th _____

_____

5th _____

_____

6th _____

_____

7th _____

_____

8th _____

_____

9th _____

_____

10th _____

_____

11th _____

_____

12th _____

_____

13th _____

_____

14th _____

_____

15th _____

_____

16th _____

_____

17th _____

_____

18th _____

_____

19th _____

_____

20th _____

_____

21st _____

_____

22nd _____

_____

23rd _____

_____

24th _____

_____

25th _____

_____

26th _____

_____

27th _____

_____

28th _____

_____

29th _____

_____

30th _____

_____

JULY

1st _____

_____

2nd _____

_____

3rd _____

_____

4th _____

_____

5th _____

_____

6th _____

_____

7th _____

_____

8th _____

_____

9th _____

10th _____

11th _____

12th _____

13th _____

14th _____

15th _____

16th _____

17th _____

18th ——————————————————————

————————————————————————————

19th ——————————————————————

————————————————————————————

20th ——————————————————————

————————————————————————————

21st ——————————————————————

————————————————————————————

22nd —————————————————————

————————————————————   ——————————

23rd —————————————————————

—————————————————————

24th —————————————————————

—————————————————————

25th —————————————————————

—————————————————————

26th —————————————————————

—————————————————————

27th —————————————————————

—————————————————————

28th —————————————————————

—————————————————————

29th —————————————————————

—————————————————————

30th —————————————————————

—————————————————————

31st —————————————————————

—————————————————————

AUGUST

1st _____

_____

2nd _____

_____

3rd _____

_____

4th _____

_____

5th _____

_____

6th _____

_____

7th _____

_____

8th _____

_____

9th _____

_____

10th _____

_____

11th _____

_____

12th _____

_____

13th _____

14th _____

15th _____

16th _____

17th _____

18th _____

19th _____

20th _____

21st _____

22nd ——————————————————————————————

————————————————————————————————————

23rd ——————————————————————————————

————————————————————————————————————

24th ——————————————————————————————

————————————————————————————————————

25th ——————————————————————————————

————————————————————————————————————

26th ——————————————————————————————

————————————————————————————————————

27th ——————————————————————————————

————————————————————————————————————

28th —————————————————————————

—————————————————————————

29th —————————————————————————

—————————————————————————

30th —————————————————————————

—————————————————————————

31st —————————————————————————

—————————————————————————

—————————————————————————

—————————————————————————

—————————————————————————

—————————————————————————

SEPTEMBER

1st _____

_____

2nd _____

_____

3rd _____

_____

4th _____

_____

5th _____

_____

6th _____

_____

7th _____

_____

8th _____

_____

9th _____

10th _____

11th _____

12th _____

13th _____

14th _____

15th _____

16th _____

17th _____

18th ————————————————————

————————————————————————

19th ————————————————————

————————————————————————

20th ————————————————————

————————————————————————

21st ————————————————————

————————————————————————

22nd _____

_____

23rd _____

_____

24th _____

_____

25th _____

_____

26th _____

_____

27th _____

_____

28th _____

_____

29th _____

_____

30th _____

_____

OCTOBER

1st _____

2nd _____

3rd _____

4th _____

5th _____

6th _____

7th _____

8th _____

9th ———————————————————

10th ——————————————————

11th ———————————————————

12th ——————————————————

13th ——————————————————

———————————————————————

14th ——————————————————

———————————————————————

15th ——————————————————

———————————————————————

16th ——————————————————

———————————————————————

17th ——————————————————

———————————————————————

18th ——————————————————

———————————————————————

19th ——————————————————

———————————————————————

20th ——————————————————

———————————————————————

21st ——————————————————

———————————————————————

22nd _____

23rd _____

24th _____

25th _____

26th _____

27th _____

28th _____

29th ———————————————————

———————————————————

30th ———————————————————

———————————————————

31st ———————————————————

———————————————————

November

1st _____

_____

2nd _____

_____

3rd _____

_____

4th _____

_____

5th _____

_____

6th _____

_____

7th _____

_____

8th _____

_____

9th ⎯⎯⎯⎯⎯⎯⎯⎯⎯⎯⎯⎯⎯⎯⎯⎯⎯⎯⎯⎯

10th ⎯⎯⎯⎯⎯⎯⎯⎯⎯⎯⎯⎯⎯⎯⎯⎯⎯⎯⎯

11th ⎯⎯⎯⎯⎯⎯⎯⎯⎯⎯⎯⎯⎯⎯⎯⎯⎯⎯⎯

12th ⎯⎯⎯⎯⎯⎯⎯⎯⎯⎯⎯⎯⎯⎯⎯⎯⎯⎯⎯

13th ⎯⎯⎯⎯⎯⎯⎯⎯⎯⎯⎯⎯⎯⎯⎯⎯⎯⎯⎯

14th ⎯⎯⎯⎯⎯⎯⎯⎯⎯⎯⎯⎯⎯⎯⎯⎯⎯⎯⎯

15th ⎯⎯⎯⎯⎯⎯⎯⎯⎯⎯⎯⎯⎯⎯⎯⎯⎯⎯⎯

16th ⎯⎯⎯⎯⎯⎯⎯⎯⎯⎯⎯⎯⎯⎯⎯⎯⎯⎯⎯

17th ⎯⎯⎯⎯⎯⎯⎯⎯⎯⎯⎯⎯⎯⎯⎯⎯⎯⎯⎯

18th ——————————————————————

——————————————————————————

19th ——————————————————————

——————————————————————————

20th ——————————————————————

——————————————————————————

21st ——————————————————————

——————————————————————————

22nd _____

_____

23rd _____

_____

24th _____

_____

25th _____

_____

26th _____

_____

27th _____

_____

28th _____

_____

29th _____

_____

30th _____

_____

DECEMBER

1st _____

2nd _____

3rd _____

4th _____

5th _____

6th _____

7th _____

8th _____

9th ——————————————————————

——————————————————————

10th ——————————————————————

——————————————————————

11th ——————————————————————

——————————————————————

12th ——————————————————————

——————————————————————

13th ——————————————————————

——————————————————————

14th _____

_____

15th _____

_____

16th _____

_____

17th _____

_____

18th _____

_____

19th _____

_____

20th _____

_____

21st _____

_____

22nd _____

_____

23rd _____

_____

24th _____

_____

25th _____

_____

26th _____

_____

27th _____

_____

28th _____

_____

29th _____

_____

30th _____

_____

31st _____

_____